INSTRUCTIONS PRATIQUES
A L'USAGE DES INVENTEURS

(Édition réduite)

RÉSUMÉ DES LOIS

SUR LES

BREVETS D'INVENTION

DANS TOUS LES PAYS

PAR

ARMENGAUD AINÉ

INGÉNIEUR

ANCIEN ÉLÈVE DE L'ÉCOLE CENTRALE DES ARTS ET MANUFACTURES
CONSEIL EN MATIÈRE DE PROPRIÉTÉ INDUSTRIELLE
CHEVALIER DE LA LÉGION D'HONNEUR

26e Édition

Le présent ouvrage est envoyé gratuitement

A TOUTE PERSONNE QUI EN FAIT LA DEMANDE

PARIS

LIBRAIRIE TECHNOLOGIQUE ARMENGAUD AINÉ

45, RUE SAINT-SÉBASTIEN, 45

(Près le boulevard Voltaire)

INSTRUCTIONS PRATIQUES
A L'USAGE DES INVENTEURS

(Édition réduite)

RÉSUMÉ DES LOIS

SUR LES

BREVETS D'INVENTION

DANS TOUS LES PAYS

PAR

ARMENGAUD AÎNÉ

INGÉNIEUR

ANCIEN ÉLÈVE DE L'ÉCOLE CENTRALE DES ARTS ET MANUFACTURES
CONSEIL EN MATIÈRE DE PROPRIÉTÉ INDUSTRIELLE
CHEVALIER DE LA LÉGION D'HONNEUR

26e Édition

Le présent ouvrage est envoyé gratuitement

A TOUTE PERSONNE QUI EN FAIT LA DEMANDE

PARIS

LIBRAIRIE TECHNOLOGIQUE ARMENGAUD AÎNÉ

45, RUE SAINT-SÉBASTIEN, 45

(Près le boulevard Voltaire)

AVIS IMPORTANT

POUR ÉVITER TOUTE CONFUSION

Noter exactement le nom et l'adresse

ARMENGAUD AINÉ

45, RUE SAINT-SÉBASTIEN, 45

PARIS

Adresse Télégraphique :

ARMENGAUD AINÉ, PARIS

TÉLÉPHONE

PRÉFACE

DE LA 26ᵉ ÉDITION

Sous le titre : **Instructions pratiques à l'usage des Inventeurs,** nous avons publié un *Recueil abrégé des lois qui régissent les brevets d'invention* dans tous les pays où la propriété intellectuelle est protégée(1). C'est une sorte de *Manuel pratique* des dispositions légales adoptées dans les divers États qui délivrent les brevets. Nous l'avons complété par des indications économiques et statistiques sur leur production agricole, minière et industrielle, ainsi que sur l'importance de leur commerce et le développement de leur matériel de transport par terre et par eau.

Les nombreuses éditions que nous avons dû donner de cet ouvrage, montrent l'accueil favorable qu'il a reçu du public.

L'opuscule que nous présentons aujourd'hui en est une **réduction,** dans laquelle nous avons conservé celles des dispositions légales qui intéressent plus directement l'inventeur, c'est-à-dire :

La durée du privilège ;

Les pièces qui doivent être produites à l'appui des demandes ;

Les dépenses qu'elles occasionnent.

---

(1) Un volume in-8. — Prix 3 francs. En vente à la Librairie technologique, 45 rue Saint-Sébastien, à Paris, et chez les principaux libraires.

Ce sont là, en effet, les trois points principaux sur lesquels il importe d'être fixé, tout d'abord, et au moment même où l'on décide la prise des brevets.

Les autres questions relatives à l'accord et à la communication des brevets, à leur exploitation, aux cessions et aux licences auxquelles ils donneront lieu, enfin les conditions à remplir pour assurer, dans l'avenir, la conservation du privilège, etc., toutes ces questions, disons-nous, sont nécessaires à connaître, mais non pas immédiatement. D'ailleurs, on les trouvera exposées tout au long dans l'ouvrage dont nous venons de parler.

Quant à celui-ci, il est suffisant dans la plupart des cas, bien que nous l'ayons limité à dessein aux indications indispensables, dans le but de le voir se répandre dans le plus grand nombre de mains possible.

Malgré sa faible étendue, il n'en embrasse pas moins les **soixante-six** États dans lesquels les inventions peuvent être protégées efficacement. De cette façon, nous donnons satisfaction à la tendance que nous voyons s'accentuer de jour en jour et qui porte, de plus en plus, les inventeurs et les industriels à chercher à étendre leurs droits à l'étranger, pour atteindre des lieux de production ou de consommation qu'ils négligeaient auparavant.

Il faut, croyons-nous, attribuer cette tendance à l'augmentation des productions locales qui ferment les marchés habituels, ainsi qu'au développement et à la plus grande rapidité des moyens de communication internationaux, qui mettent à portée des centres de consommation que l'on ne songeait pas à exploiter jusque-là. Quelle qu'en soit la raison, d'ailleurs, le fait existe et nous ne pouvions que nous y conformer en répondant à l'accroissement d'indications dont a besoin l'inventeur.

ARMENGAUD AINÉ.

CONVENTION INTERNATIONALE

POUR

LA PROTECTION DE LA PROPRIÉTÉ INDUSTRIELLE

Le 20 mars 1883 a été signée à Paris une **Convention** instituant une *Union internationale pour la protection de la Propriété industrielle*.

Le but de cette Convention, entrée en vigueur le 7 juillet 1884, est d'assurer « *une complète et efficace protection à l'industrie et au commerce, et de contribuer à la garantie des droits des inventeurs et de la loyauté des transactions commerciales* ».

Nous n'avons à nous occuper ici que de la partie de la Convention qui vise plus spécialement les Brevets.

L'article 4 porte que : « *celui qui aura régulièrement fait le dépôt d'une demande de brevet d'invention dans l'un des Etats contractants, jouira, pour effectuer le dépôt dans les autres Etats, sous réserve des droits des tiers, d'un droit de priorité pendant un délai de six mois* ».

Ce délai est augmenté d'un mois pour les pays d'outre-mer.

L'article 5 autorise « *l'introduction par le breveté, dans le pays où le brevet a été délivré, d'objets fabriqués dans l'un ou l'autre des Etats de l'Union.*

Toutefois, le breveté restera soumis à l'obligation d'exploiter son brevet, conformément aux lois du pays où il introduit les objets brevetés ».

Les Etats qui ont adhéré à la Convention internationale sont les suivants :

Belgique.	**Italie.**
Brésil.	**Portugal.**
Espagne.	**Suède.**
Etats-Unis d'Amérique.	**Norvège.**
France.	**Suisse.**
Grande-Bretagne.	**Tunisie.**
Guatemala.	**République Dominicaine.**

A cette liste il convient de joindre, mais pour mémoire seulement, les *Pays-Bas* et la *Serbie*, parce que ces pays, bien que signataires de la Convention, ne délivrent pas de brevets.

FRANCE

Durée.

La durée du brevet est de quinze ans (1).

Le brevet français prend fin en même temps que celui des brevets étrangers pris antérieurement qui expire le premier.

Les certificats d'addition finissent en même temps que le brevet.

Le même privilège couvre, à la fois, la France et ses colonies.

Pièces à fournir.

1° La description en double exemplaire, en langue française ; les ratures et surcharges doivent être approuvées ;

2° Les dessins en double expédition, d'après une échelle métrique et sans indications ou mentions en langue étrangère.

Si le dépôt est fait dans l'une des colonies françaises, les pièces ci-dessus doivent être déposées en triple expédition ;

3° Un pouvoir signé du demandeur et indiquant le mandataire.

Des échantillons peuvent être annexés à la demande.

---

(1) Certains inventeurs, évidemment dans un but d'économie et dans la crainte de s'engager pour l'avenir, ne demandent leur brevet que pour cinq ou dix ans. C'est là un mauvais calcul puisqu'il leur suffit de ne plus payer les taxes pour mettre fin à leur privilège, tout en jouissant du maximum de durée accordé par la loi.

Cessions et licences.

Les actes de cession doivent être passés par-devant notaire, après acquittement complet des annuités restant dues.

Les licences sont concédées par simple acte sous seing privé.

Taxes.

La taxe à payer annuellement pour un brevet est de 100 francs, timbres non compris.

Les certificats d'addition sont exemptés de la taxe annuelle.

Prix.

Le coût d'un brevet, taxe et tous frais payés pour un an, est de 140 à 180 francs.

Le coût d'un certificat d'addition, taxe et tous frais payés pour toute la durée, est de 60 à 100 francs.

Ces prix sont établis pour un travail de moyenne importance, le chiffre inférieur étant applicable aux demandes qui ne comportent pas de dessins.

ANGLETERRE

Durée.

La durée totale du privilège est de quatorze ans et elle est indépendante de celle des brevets pris, antérieurement, dans d'autres pays.

L'inventeur peut, à son choix, demander immédiatement une *patente complète* de quatre ans, ou une *protection provisoire* dont la durée est de neuf mois et qui, à l'expiration de ce terme, est transformée en patente complète ou définitive.

Le privilège ne s'étend pas aux colonies anglaises, lesquelles possèdent des législations spéciales que l'on trouvera plus loin.

Pièces à fournir.

Pour une demande de protection provisoire, il faut fournir :

1° Une pétition à la reine ;

2° Un *affidavit*, ou déclaration dans laquelle le postulant affirme être le véritable inventeur ou son ayant droit ;

3° Une description en langue anglaise sur papier *pro-patria*, mesurant 305 millimètres de hauteur sur 216 millimètres de largeur, avec marge de 38 millimètres de chaque côté ;

4° Des dessins sur un papier ayant 202 ou 404 milimètres de

longueur sur 329 millimètres de hauteur, avec marges de 12^{mm},5 en dedans.

Pour une patente définitive venant après une protection provisoire demandée dès le début, il faut, outre la pétition et l'*affidavit* :

1° Une description en langue anglaise, en double expédition, ayant 546 millimètres de hauteur sur 375 millimètres de largeur et 38 millimètres de marge.

La description doit se terminer par des *claims*, ou revendications caractérisant l'invention ;

2° Des dessins en double expédition tracés à l'encre noire, sans couleurs, sur papier bristol, mesurant 202 ou 404 millimètres sur 329, avec marges de 12^{mm},5 en dedans ;

3° Un pouvoir signé par l'inventeur et désignant le mandataire choisi par lui.

Le déposant fournit, en outre, un dessin à échelle réduite représentant la partie essentielle de l'invention et destiné à être inséré dans la *Gazette officielle*.

Prix.

Patente provisoire de 9 mois, taxes et tous frais payés, 150 à 180 francs.

Complément de ladite patente, tout payé pour quatre ans, 350 à 400 francs.

Patente complète demandée immédiatement pour quatre ans, tous frais payés, 400 à 450 francs.

Ces prix comprennent la traduction d'une description de 1,000 mots. Chaque 100 mots en plus est taxé 3 francs.

GRAND-DUCHÉ DE LUXEMBOURG

Durée.

La durée du privilège est de quinze ans. Il est accordé des certificats d'addition qui expirent avec le brevet originel.

La déchéance du brevet est encourue si, dans les trois mois qui suivent sa délivrance, l'inventeur n'a pas fait breveter son invention en Allemagne, ou si, un brevet allemand ayant été demandé, il est refusé ou vient à déchoir.

Pièces à fournir.

1° La description en triple expédition ;
2° Les dessins en triple exemplaire ;

3º Le pouvoir instituant le mandataire, légalisé par un consul ou certifié par un notaire.

Prix.

Le coût d'un brevet, taxes et tous frais payés pour la première année, est de 120 francs.

Le coût d'un certificat d'addition, taxe et tous frais payés pour la durée totale, est de 100 francs.

Les taxes sont annuelles et augmentent de 10 fr. tous les ans. Elles peuvent être encore utilement versées trois mois après l'échéance.

BELGIQUE

Durée.

La durée du privilège est de vingt ans, sans pouvoir, cependant, excéder la durée du brevet étranger antérieur. Dans le cas où plusieurs brevets étrangers ont été pris antérieurement, pour la même invention, la durée du brevet belge est égale à celle du brevet qui a été accordé pour le plus long terme.

Les certificats d'addition expirent en même temps que le brevet.

Pièces à fournir.

1º Une description en double expédition, dans l'une des langues usitées en Belgique, sur papier *pro-patria* mesurant 0ᵐ,34 sur 0ᵐ,22, avec marge de 0ᵐ,05 ;

2º Les dessins en double exemplaire, sur toile à calquer, ayant les mêmes dimensions que la description ou des multiples de ces dimensions ;

3º Une requête sur papier timbré, indiquant l'objet de l'invention ;

4º Un pouvoir désignant le mandataire.

S'il existe un brevet étranger antérieur, la date du dépôt de ce brevet doit être fournie.

Prix.

Le coût d'un brevet, tous frais et taxes compris, pour la première année, est de 70 à 90 francs.

Le coût d'un certificat d'addition, tous frais payés pour la durée totale, est de 60 à 80 francs.

Les annuités augmentent tous les ans de 10 fr. Elles peuvent être encore utilement payées un mois après leur échéance et même cinq mois après, en payant l'amende.

ALLEMAGNE

Durée.

La durée du privilège est de quinze ans. Les certificats d'addition expirent avec le brevet auquel ils se rapportent. Un brevet allemand venant après un brevet étranger expire avec lui.

Toute demande de brevet est soumise à une commission d'examen. Dans le cas où cette commission repousse la demande, le postulant peut faire appel dans un délai de quatre semaines. Si la demande est acceptée, elle est publiée au *Journal officiel ;* mais pendant un délai de huit semaines, toute personne intéressée peut mettre opposition à l'accord du brevet. À l'expiration de ce délai, la délivrance est prononcée.

L'inventeur étranger est tenu d'élire un mandataire domicilié en Allemagne.

Pièces à fournir.

1º Une description en langue allemande, en double expédition, sur un papier mesurant $0^m.33$ sur $0^m,21$; elle doit se terminer par l'énonciation des parties nouvelles que l'inventeur entend revendiquer spécialement ;

2º Les dessins en double exemplaire, dans les conditions ci-après :

L'original sur papier bristol fort et lisse, mesurant $0^m,33$ sur $0^m,21$, ou $0^m,42$ sur $0^m,63$, et tracé à l'encre noire, sans aucune couleur, avec marge de $0^m,02$. L'échelle doit être métrique.

Le duplicata est un calque du précédent sur toile à calquer.

Ces dessins ne doivent être ni pliés ni roulés ;

3º Un pouvoir en langue allemande, désignant le mandataire qui doit être domicilié en Allemagne.

Prix.

Le coût d'un brevet, tous frais et taxes payés pour la première année, est de 250 à 350 fr. Le prix inférieur ne comprend pas les frais de réfutation auprès du bureau des brevets, en cas de refus provisoire de la demande.

Le coût d'un certificat d'addition, tous frais payés pour la durée totale, est de 250 à 350 francs.

Ces prix comprennent la traduction d'une description de 1,000 mots. Chaque 100 mots en plus est taxé 3 francs.

Les taxes sont annuelles et augmentent de 50 marks (62 f. 50) tous les ans.

Elles peuvent être encore utilement versées trois mois après leur échéance.

SUISSE

Durée.

La durée du privilège est de quinze années. Les certificats d'addition expirent avec le brevet principal.

Il est accordé des brevets provisoires dont la durée est de deux ans. Ces brevets ne permettent pas d'exercer de poursuites en contrefaçon.

L'inventeur étranger est tenu d'élire un mandataire domicilié en Suisse.

Tout objet breveté doit porter la croix fédérale (✠) ainsi que la mention du numéro du brevet.

Pièces à fournir.

1º Une description en double expédition terminée par l'indication des caractères constitutifs de l'invention ;

2º Les dessins en double exemplaire dont un sur bristol et l'autre sur toile à calquer, sans coloris ni lavis. Leurs dimensions doivent être de 33 centimètres de haut sur 21 ou 42 ou 63 de large, avec marge de 2 centimètres. Les lettres ou chiffres de référence doivent avoir au moins 3 millimètres de haut et être placés en dehors de la figure avec un trait fin les reliant à la partie qu'ils désignent ;

3º La preuve qu'il existe un modèle de l'objet de l'invention ou que cet objet existe lui-même ;

4º Un pouvoir désignant le mandataire résidant en Suisse.

Prix.

Le coût d'un brevet d'invention, taxes et frais payés pour la première année, est de 160 à 180 francs.

Le coût d'un brevet provisoire, tous frais payés pour les deux années de sa durée, est de 160 à 180 francs.

Le coût d'un brevet d'addition, tous frais payés pour la durée totale, est de 160 à 180 francs.

AUTRICHE-HONGRIE

Durée.

La durée du privilège est de quinze années comptées à partir de la date de la délivrance du brevet, à moins qu'il n'existe un brevet étranger antérieur, auquel cas la durée est limitée à celle de ce brevet, sans jamais pouvoir excéder quinze ans. Il n'est pas accordé de certificats d'addition.

Pièces à fournir.

1° Une description en langue allemande, en double expédition ;

2° Deux exemplaires des dessins, tracés à l'encre noire.

Les reproductions héliographiques ne sont pas admises.

Les échantillons, s'il y a lieu, en double exemplaire.

3° Un pouvoir sur papier timbré, rédigé en langue allemande et légalisé par un consul d'Autriche.

S'il existe un brevet étranger antérieur, on doit présenter le titre officiel de ce brevet et fournir la preuve qu'il est encore en vigueur.

Prix.

Le coût d'un brevet, y compris l'établissement de toutes pièces et dessins, le montant de la taxe, du droit municipal et des timbres est de 275 à 300 fr., pour la première année.

Ces prix comprennent la traduction d'une description de 1,000 mots. Chaque 100 mots en plus est taxé 3 francs.

Les années suivantes donnent lieu au payement de taxes réparties comme suit :

2°, 3°, 4° et 5° annuités : 100 fr. chacune.

Pour les 6°, 7°, 8°, 9° et 10° années, la taxe augmente de 15 fr. par an et de 30 fr. pour les cinq dernières années.

ESPAGNE

Durée.

Les brevets demandés originairement en Espagne, ou ceux demandés après un brevet étranger non encore délivré, ont une durée de 20 ans.

Les brevets demandés par l'auteur d'une invention, déjà brevetée à l'étranger depuis moins de deux ans, ont une durée de dix années.

Les brevets accordés au premier importateur d'une invention dans le pays ou à l'auteur d'une invention librement pratiquée ou brevetée à l'étranger depuis plus de deux ans, ont une durée de cinq années.

Il est accordé des certificats d'addition qui expirent avec le brevet principal.

Pièces à fournir.

1º La description en langue espagnole, en double expédition. Elle doit se terminer par un résumé des points caractéristiques de l'invention ;

2º Les dessins, échantillons ou modèles nécessaires, en double exemplaire. Les dessins doivent être tracés sur toile à calquer, d'après une échelle métrique ;

3º Un pouvoir désignant le mandataire, rédigé en langue espagnole et légalisé par un consul d'Espagne.

Prix.

Le coût d'un brevet, taxe et tous frais payés pour la première année, est de 275 à 350 francs.

L'extension du privilège aux colonies espagnoles coûte de 60 à 90 fr.

Le coût d'un certificat d'addition, tous frais payés pour la durée totale, est de 265 à 340 francs.

Les taxes sont annuelles et augmentent de 10 fr. tous les ans.

Les prix ci-dessus comprennent la traduction d'une description de 1,000 mots. Chaque 100 mots en plus est taxé 4 fr.

PORTUGAL

Durée.

La durée maxima du privilège est de 15 ans. Il est accordé des brevets d'importation dont la durée est de 5 ans.

Dans le cas où il existe des brevets étrangers antérieurs, le brevet portugais expire en même temps que celui d'entre eux qui finit le premier.

La loi accorde des certificats d'addition qui expirent avec le brevet principal.

Pièces à fournir.

1° La description en langue portugaise, en double expédition;
2° Les dessins en double exemplaire;
3° Le pouvoir désignant le mandataire, rédigé en langue portugaise et légalisé par un consul portugais.

Prix.

Le coût d'un brevet, taxe et tous frais payés pour 5 ans, est de 700 francs.

Le coût d'un brevet, taxe et tous frais payés pour 10 ans, est de 1,000 francs.

Le coût d'un brevet, taxe et tous frais payés pour 15 ans, est de 1,250 francs.

Le coût d'un certificat d'addition, tous frais payés pour la durée totale, est de 400 francs.

Les prix ci-dessus comprennent la traduction d'une description de 1,000 mots. Chaque 100 mots en plus est taxé 6 francs.

ITALIE

Durée.

La durée maxima du privilège est de 15 ans.

S'il existe des brevets étrangers antérieurs, le brevet italien expire avec celui d'entre eux qui a la plus longue durée, sans cependant pouvoir dépasser 15 ans.

Il est accordé des certificats d'addition qui expirent avec le brevet principal.

Pièces à fournir.

1° La description en triple expédition, sur papier timbré pro-patria;

2° Les dessins en triple exemplaire. Ils doivent tenir dans l'un des trois cadres suivants : 0^m,150 sur 0^m,200, ou 0^m,200 sur 0^m,300, ou 0^m,300 sur 0^m,400, avec marge de 0^m,05 tout autour;

3° Une copie certifiée du brevet étranger originel antérieur;

4° Un pouvoir sur papier timbré, désignant le mandataire, et légalisé par un consul italien.

Prix.

Le coût d'un brevet d'un an, tous frais et taxes payés pour la première année, est de 225 francs.

Le coût d'un brevet de 6 ans, tous frais et taxes payés pour la première année, est de 275 francs.

Le coût d'un brevet de 15 ans, tous frais et taxes payés pour la première année, est de 370 francs.

Le coût d'une prolongation de durée est de 300 francs.

Les taxes sont annuelles et augmentent de 25 francs par chaque période de 3 ans. Il est dû, en outre, une taxe de durée qui varie avec la période demandée, en augmentant de 10 francs par an.

Le coût d'un certificat d'addition, tous frais une fois payés, est de 200 francs.

TURQUIE

Durée.

La durée du privilège est de 5, 10 ou 15 ans. Elle ne peut excéder celle des brevets pris antérieurement à l'étranger.

Pièces à fournir.

1° La description en langue turque, en double expédition ;
2° Les dessins en double exemplaire ;
3° Le pouvoir désignant le mandataire, légalisé par un consul de Turquie.

Prix.

Le coût d'un brevet, tous frais et taxes payés pour un an, est de 700 francs.

Ce prix comprend la traduction d'une description de 1,000 mots. Chaque 100 mots en plus est taxé 5 francs.

RUSSIE

Durée.

La durée du brevet est de 3, 5 ou 10 ans, au choix du demandeur.

Il est accordé des brevets d'importation dont la durée est de une à six années à celui qui, le premier, introduit, dans le pays, une invention déjà brevetée à l'étranger, bien qu'il n'en soit pas l'auteur.

Pièces à fournir.

1° La description en langue russe ;
2° Les dessins tracés d'après une échelle métrique ;
3° Le pouvoir désignant le mandataire.

Prix.

Le coût d'un brevet, taxes et tous frais payés pour 3 ans, est de 700 francs.

Le coût d'un brevet, taxes et tous frais payés pour 5 ans, est de 1,000 francs.

Le coût d'un brevet, taxes et tous frais payés pour 10 ans, est de 2,000 francs.

Ces prix comprennent la traduction d'une description de 1,000 mots. Chaque 100 mots en plus est taxé 5 francs.

FINLANDE

Durée.

La durée est fixée par le gouvernement. Elle est de 3 à 12 ans, sans pouvoir dépasser la durée du brevet étranger originel.

Pièces à fournir.

1° Une description en double expédition, dans la langue nationale ;
2° Des dessins en double exemplaire ;
3° Un pouvoir désignant le mandataire, légalisé par un consul de Russie ;
4° La copie du brevet étranger originel, certifiée conforme et légalisée par un consul de Russie.

Prix.

Le coût d'un brevet, taxes et tous frais payés pour la durée entière, est de 1,000 francs.

Ce prix comprend la traduction d'une description de 1,000 mots. Chaque 100 mots en plus est taxé 5 francs.

DANEMARK

Durée.

La durée est fixée par le gouvernement. Elle varie de trois, quatre, cinq à dix ans.

Le brevet expire en même temps que le brevet étranger originel.

Pièces à fournir.

1º Une description en langue danoise, en double expédition ;

2º Les dessins en double exemplaire ;

3º Un pouvoir désignant le mandataire.

Prix.

Le coût d'un brevet, taxes et tous frais payés pour la durée totale, est de 450 francs.

Ce prix comprend la traduction d'une description de 1,000 mots. Chaque 100 mots en plus est taxé 5 francs.

SUÈDE

Durée.

La durée du privilège, qui est fixée par le gouvernement, varie de trois à quinze ans. Elle ne saurait, toutefois, excéder celle du brevet étranger originel. Il est accordé des certificats d'addition qui expirent avec le brevet principal.

Pièces à fournir.

1º La description en langue suédoise ;

2º Les dessins en double exemplaire, mesurant 330 millimètres de hauteur sur 240 ou 420, ou 630 millimètres de largeur avec marge de 20 millimètres sur le côté. L'un des exemplaires doit être sur bristol et ne porter aucune teinte ni partie coloriée ;

3º Un pouvoir désignant le mandataire qui doit toujours être un Suédois.

Prix.

Le coût du brevet, taxes et tous frais payés pour la première année, est de 450 francs.

Le coût d'un certificat d'addition est de 300 francs une fois payés.

Les taxes sont annuelles et progressives. Elles peuvent être encore utilement versées trois mois après leur échéance, en payant une amende du cinquième de leur valeur.

Les prix indiqués ci-dessus comprennent la traduction d'une description de 1,000 mots. Chaque 100 mots en plus est taxé 4 francs.

NORVEGE

Durée.

La durée du privilège est de quinze ans. Il est accordé des certificats d'addition qui expirent avec le brevet principal.

Pièces à fournir.

Les prescriptions sont les mêmes que pour la Suède.

Prix.

Le coût d'un brevet, taxes et tous frais payés pour la première année, est de 450 francs.

Le coût d'un certificat d'addition, tout payé pour la durée totale, est de 450 francs.

Ces prix comprennent la traduction d'une description de 1,000 mots. Chaque 100 mots en plus est taxé 4 francs.

TUNISIE

Durée.

La durée du privilège est de cinq, dix ou quinze ans, au choix du demandeur.

Il est accordé des certificats d'addition qui expirent avec le brevet principal.

Pièces à fournir.

1° Une pétition au premier ministre ;
2° Une description en double expédition ;
3° Les dessins ou échantillons en double exemplaire ;
4° Un bordereau de pièces déposées ;
5° Un pouvoir désignant le mandataire.

Prix.

Le coût d'un brevet, taxes et tous frais payés pour la première année, est de 200 à 250 francs.

Le montant des annuités pour les années suivan es est de 100 francs.

Le coût d'un certificat d'addition, taxes et tous frais payés pour toute la durée, est de 175 francs.

COLONIE DU CAP

Durée.

La durée du brevet est de quatorze ans. Elle est cependant limitée à celle du brevet étranger antérieur qui expire le premier.

Pièces à fournir.

1º La description en double expédition sur papier *propatria;*

2º Les dessins en double exemplaire;

3º Le pouvoir désignant le mandataire, légalisé par un consul anglais.

Prix.

Le coût du brevet, taxes et tous frais payés pour la durée totale, est de 2,000 francs.

Ce prix comprend la traduction d'une description de 1,000 mots. Chaque 100 mots en plus est taxé 3 francs.

ÉGYPTE

Pour les dispositions légales, se reporter à ce qui a été dit à propos de la Turquie, page 18.

NATAL

Durée.

La durée du privilège est de quatorze ans. Elle est limitée à celle du brevet étranger antérieur qui expire le premier.

Pièces à fournir.

1º La description en double expédition sur papier *pro-patria*;

2º Les dessins en double exemplaire ;

3º Le pouvoir désignant le mandataire, légalisé par un consul anglais.

Prix.

Le coût du brevet, taxes et tous frais payés pour la durée totale, est de 1,800 francs.

Ce prix comprend la traduction d'une description de 1,000 mots. Chaque 100 mots en plus est taxé 3 francs.

ILE MAURICE

Durée.

La durée du privilège est de quatorze ans. S'il existe une patente anglaise antérieure, le brevet échoit en même temps qu'elle.

Pièces à fournir.

1º Une pétition en double exemplaire ;

2º Une déclaration en double expédition ;

3º Une description en double exemplaire, signée par le demandeur assisté de deux témoins ;

4º Les dessins en double expédition ;

5º Un pouvoir désignant le mandataire.

Prix.

Le coût d'un brevet, taxes et tous frais payés pour la durée totale est de 1,500 francs.

Ce prix comprend la traduction d'une description de 1,000 mots. Chaque 100 mots en plus est taxé 3 francs.

SAINTE-HÉLÈNE

Durée.

La durée est limitée à celle du privilège obtenu en Angleterre.

Pièces à fournir.

1° Une requête signée par le demandeur ;
2° Une déclaration également signée par lui ;
3° Une copie authentique de la patente anglaise ;
4° Un pouvoir désignant le mandataire.

Prix.

Le coût du brevet, taxes et tous frais payés pour toute la durée, est de 1,000 francs.

Ce prix comprend la traduction d'une description de 1,000 mots. Chaque 100 mots en plus est taxé 3 francs.

LIBÉRIA (République de)

Durée.

La durée du privilège est de vingt ans.

Pièces à fournir.

1° Une requête signée par le demandeur ;
2° Une formule de serment déclarant que l'invention n'est pas appliquée dans le pays ;
3° La description en double expédition ;
4° Les dessins en double exemplaire ;
5° Le pouvoir désignant le mandataire.

Prix.

Le coût du brevet, taxes et tous frais payés pour la durée totale, est de 2,000 francs.

Ce prix comprend la traduction d'une description de 1,000 mots. Chaque 100 mots en plus est taxé 3 francs.

ÉTAT INDÉPENDANT DU CONGO

Durée.

La durée des brevets d'invention est de vingt ans. Celle des brevets d'importation est limitée au brevet étranger originel. Il est accordé des brevets de perfection qui expirent avec le brevet principal auquel ils se rattachent.

Pièces à fournir.

1° Une demande au département des affaires étrangères de Belgique ;

2° Une déclaration indiquant la date et la durée du brevet étranger originel ;

3° La description en double expédition ;

4° Les dessins, modèles ou échantillons en double exemplaire ;

5° Un pouvoir désignant le mandataire, légalisé par un consul belge.

Prix.

Le coût d'un brevet d'invention de vingt ans, taxes et tous frais payés pour la durée totale, est de 500 francs.

Le coût d'un brevet d'importation, également payé pour la durée totale, est de 500 francs.

Le coût d'un brevet de perfectionnement est de 400 francs.

RÉPUBLIQUE SUD-AFRICAINE
(Transwaal)

Durée.

La durée de la protection provisoire est de six mois.

La durée totale du privilège est de quatorze ans ; toutefois elle est limitée à celle du brevet étranger antérieur qui expire le premier.

Il est accordé des certificats d'addition qui prennent fin avec le brevet principal.

Pièces à fournir.

1° Une requête en langue hollandaise ;

2° La description en double expédition, également en langue hollandaise ;

3° Les dessins en double exemplaire ;

4° Un pouvoir désignant le mandataire.

Prix.

Le coût du brevet, taxes et tous frais payés pour la durée totale, est de 2,800 francs.

Ce prix comprend la traduction d'une description de 1,000 mots. Chaque 100 mots en plus est taxé 3 francs.

INDES ANGLAISES

Durée.

La durée du privilège est de quatorze ans, mais est limitée à celle du brevet étranger originel.

Pièces à fournir.

1° Une pétition signée par le demandeur ;
2° Une déclaration jointe à la pétition ;
3° La description en quadruple expédition dont une signée par l'inventeur ;
4° Une déclaration à joindre à la description ;
5° Les dessins en quadruple expédition ;
6° Un pouvoir désignant le mandataire.

Prix.

Le coût du brevet, taxes et tous frais payés pour la durée totale, est de 2,000 francs.

Ce prix comprend la traduction d'une description de 1,000 mots. Chaque 100 mots en plus est taxé 3 francs.

CEYLAN

Durée.

La durée du privilège est de 14 ans.

Pièces à fournir.

1° Une pétition signée par le postulant ;
2° Une déclaration également signée par lui ;
3° La description en double expédition ;
4° Une déclaration accompagnant la description ;
5° Les dessins en double exemplaire ;
6° Un pouvoir désignant le mandataire et signée du demandeur.

Prix.

Le coût du brevet, taxes et tous frais payés pour la durée totale, est de 2,000 fr., si le demandeur est déjà titulaire d'une patente anglaise ; sinon, le prix est de 2,500 francs.

Ces prix comprennent la traduction d'une description de 1,000 mots. Chaque 100 mots en plus est taxé 3 francs.

STRAITS SETTLEMENTS
(Malacca et Singapore)

Durée.

La durée du privilège est de quatorze ans et finit avec la patente anglaise originelle.

Pièces à fournir.

1º Une pétition signée par le demandeur ;
2º Une déclaration signée par le demandeur, à joindre à la pétition ;
3º La description en double expédition ;
4º Une déclaration signée par le demandeur, à joindre à la description ;
5º Les dessins en double exemplaire ;
6º Un pouvoir désignant le mandataire et signé par le demandeur ;
7º La copie authentique de la patente anglaise originelle.

Prix.

Le coût du brevet, taxes et tous frais payés pour la durée totale, est de 2,500 francs.

Ce prix comprend la traduction d'une description de 1,000 mots. Chaque 100 mots en plus est taxé 3 francs.

HONG-KONG (Chine)

Durée.

Le privilège expire en même temps que la patente anglaise originelle.

Pièces à fournir.

1º Une requête sur papier timbré ;
2º Une déclaration sur papier timbré ;
3º La description en double expédition sur papier timbré ;
4º Les dessins en double exemplaire ;
5º Un pouvoir sur papier timbré, désignant le mandataire ;
6º La copie authentique de la patente anglaise originelle.

Prix.

Le coût du brevet, taxes et tous frais payés pour la durée totale, est de 2,000 francs.

Ce prix comprend la traduction d'une description de 1,000 mots. Chaque 100 mots en plus est taxé 3 francs.

JAPON

Durée.

La durée du privilège est de cinq, dix ou quinze ans au choix du demandeur.

Cependant, pour des inventions se rapportant au matériel de guerre ou que l'administration juge devoir être gardées secrètes, le gouvernement reste maître d'en fixer la durée.

Pièces à fournir.

1° Une demande au ministère de l'agriculture et du commerce ;

2° La description claire et précise de l'invention ;

3° Les dessins ou les échantillons devant servir à l'intelligence de l'invention ;

4° Un pouvoir désignant le mandataire.

Prix.

Vu l'époque récente de la loi, il n'est pas encore possible d'établir de prix fermes.

HAWAI (Iles Sandwich)

Durée.

La durée du privilège est de dix ans, mais prend fin avec le brevet étranger antérieur qui expire le premier.

Pièces à fournir.

1° Une pétition signée par l'inventeur ;

2° Une description signée par l'inventeur et par deux témoins;

3° Des dessins mesurant 0^m,45 sur 0^m,30, avec une marge de 0^m,04;

4° Un pouvoir désignant le mandataire.

5º Un procès-verbal de serment signé par l'inventeur et contresigné par un consul ou par un notaire.

Prix.

Le coût d'un brevet, taxes et tous frais payés pour la durée totale, est de 1,500 francs.

Ce prix comprend la traduction d'une description de 1,000 mots. Chaque 100 mots en plus est taxé 3 francs.

AUSTRALIE MÉRIDIONALE (Adélaïde)

Durée.

La durée du privilège est de quatorze ans, mais prend fin en même temps que le brevet étranger originel.

Pièces à fournir.

1º Une pétition sur papier *pro-patria*, signée par le demandeur ;

2º Une déclaration sur papier *pro-patria*, signée devant un juge de paix ou un notaire ;

3º La description en double expédition, sur papier *pro-patria*, contresignée par deux témoins ;

4º Les dessins en double exemplaire, contresignés comme la description ;

5º Un pouvoir sur papier *pro-patria*, désignant le mandataire.

Prix.

Le coût d'un brevet, taxes et tous frais payés pour la durée totale, est de 1,700 francs.

Ce prix comprend la traduction d'une description de 1,000 mots. Chaque 100 mots en plus est taxé 3 francs.

AUSTRALIE OCCIDENTALE (Perth)

Durée.

La durée du privilège est de quatorze ans.

Pièces à fournir

1º Une pétition sur papier *pro-patria,* signée par le demandeur ;

2° Une copie authentique du ou des brevets étrangers antérieurs ;

3° Une copie certifiée de la description ;

4° Une copie certifiée des dessins ;

5° Une déclaration signée par le demandeur ;

6° Une déclaration d'un homme du métier ;

7° Un pouvoir désignant le mandataire, signé par le demandeur.

Si le demandeur est un cessionnaire de l'inventeur, il doit fournir une copie certifiée de l'acte de cession.

Prix.

Le coût d'un brevet, taxes et tous frais payés pour la durée totale, est de 1,800 francs.

Ce prix comprend la traduction d'une description de 1,000 mots. Chaque 100 mots en plus est taxé 3 francs.

Australie orientale
ou *NOUVELLE-GALLES DU SUD (Sydney)*

Durée.

La durée du privilège est de quatorze ans.

Pièces à fournir.

1° Une pétition signée par le demandeur ;

2° La description en langue anglaise, en double expédition ;

3° Les dessins en double exemplaire ;

4° Un pouvoir désignant le mandataire et signé par le demandeur.

Prix.

Le coût d'un brevet, taxes et tous frais payés pour la durée totale, est de 1,700 francs.

Ce prix comprend la traduction d'une description de 1,000 mots. Chaque 100 mots en plus est taxé 3 francs.

QUEENSLAND (Brisbane)

Durée.

La durée du privilège est de quatorze ans.

Pièces à fournir.

1o Un certificat de résidence ;
2o Une déclaration devant un consul, un notaire ou un juge de paix ;
3o La description en langue anglaise, en double expédition ;
4o Les dessins en double exemplaire ;
5o Un pouvoir désignant le mandataire.

Prix.

Le coût du brevet, taxes et tous frais payés pour la durée totale, est de 1,500 francs.

Ce prix comprend la traduction d'une description de 1,000 mots. Chaque 100 mots en plus est taxé 3 francs.

VICTORIA (Melbourne)

Durée.

La durée du privilège est de quatorze ans.

Pièces à fournir.

1o La description en double exemplaire, dont un sur parchemin, mesurant 466 sur 350 millimètres, y compris une marge de 35 millimètres tout autour ;
2o Les dessins en double expédition, dont une sur parchemin, dans les mêmes dimensions que ci-dessus ;
3o Un pouvoir désignant le mandataire.

Lorsque le demandeur est un concessionnaire de l'inventeur, l'acte de cession doit être produit.

Prix.

Le coût du brevet, taxes et tous frais payés pour la durée totale, est de 1,500 francs.

Ce prix comprend la traduction d'une description de 1,000 mots. Chaque 100 mots en plus est taxé 3 francs.

TASMANIE

Durée.

La durée du privilège est de quatorze ans ; toutefois elle est limitée à la durée de celui des brevets étrangers antérieurs qui expire le premier.

Pièces à fournir.

1° Une pétition signée par le demandeur;
2° Une déclaration signée devant un consul, un notaire ou un juge de paix ;
·3° La description en double expédition, dont une sur parchemin ;
4° Les dessins en double exemplaire, dont un sur parchemin ;
5° Un pouvoir désignant le mandataire.

Prix.

Le coût du brevet, taxes et tous frais payés pour la durée totale, est de 1,600 francs.

Ce prix comprend la traduction d'une description de 1,000 mots. Chaque 100 mots en plus est taxé 3 francs.

NOUVELLE-ZÉLANDE

Durée.

La durée du privilège est de quatorze ans, mais elle est limitée à celle des brevets étrangers antérieurs.

Pièces à fournir.

1° La description sur papier *pro-patria*, en double exemplaire, écrite sur le recto seulement;
2° Les dessins en double expédition ;
3° Un pouvoir sur papier timbré, désignant le mandataire;
4° La copie certifiée du brevet étranger originel.

Prix.

Le coût du brevet, taxes et tous frais payés pour la durée totale, est de 1,600 francs.

Ce prix comprend la traduction d'une description de 1,000 mots. Chaque 100 mots en plus est taxé 3 francs.

ILES FIDJI

Durée.

La durée du privilège est de quatorze ans, sans pouvoir dépasser la durée du brevet étranger originel.

Pièces à fournir.

1º Une pétition signée par le demandeur,
2º Une déclaration également signée par lui;
3º La description en double expédition, transcrite sur papier *pro-patria*, d'un côté seulement;
4º Les dessins en double exemplaire;
5º Un pouvoir désignant le mandataire.

Prix.

Le coût du brevet, taxes et tous frais payés, pour la durée totale, est de 1,600 francs.

Ce prix comprend la traduction d'une description de 1,000 mots. Chaque 100 mots en plus est taxé 3 francs.

CANADA

Durée.

La durée du privilège est de quinze ans ; elle est toutefois limitée à celle des brevets étrangers antérieurs.

Pièces à fournir.

1º La description en double expédition, signée par l'inventeur assisté de deux témoins ;
2º Les dessins en triple exemplaire dont un sur bristol, mesurant 328,9 millimètres sur 202,4, avec marge de 12,5 millimètres ;
3º Une pétition signée par le requérant ;
4º Une formule de serment signée, en présence de témoins, devant un consul anglais ;
5º Un pouvoir désignant le mandataire, également signé par le requérant et par deux témoins.

Prix.

Le coût du brevet, tous frais et taxes payés pour la durée totale, est de 1,500 francs.

Ce prix comprend la traduction d'une description de 1,000 mots. Chaque 100 mots en plus est taxé 3 francs.

TERRE-NEUVE
(Newfound-land)

Durée.

La durée du privilège est de quatorze ans. Dans le cas où il existe un brevet étranger antérieur, il prend fin avec lui.

Pièces à fournir.

1° Une pétition signée par le demandeur;
2° La description en double expédition écrite sur papier *propatria*, d'un côté seulement;
3° Les dessins en double exemplaire;
4° Un pouvoir désignant le mandataire.

Prix.

Le coût du brevet, tous frais et taxes payés pour la durée totale, est de 1,700 francs.

Ce prix comprend la traduction d'une description de 1,000 mots. Chaque 100 mots en plus est taxé 3 francs.

ÉTATS-UNIS
(De l'Amérique du Nord)

Durée.

La durée du privilège est de dix-sept ans improrogeables. Quand une patente américaine vient après des brevets étrangers pris pour la même invention, elle prend fin avec celui de ces brevets qui finit ou expire le premier.

Pièces à fournir.

1° Une requête au commissaire des patentes;
2° Un affidavit ou formule de serment prêté devant un consul et indiquant le mandataire chargé d'accomplir les formalités légales;
3° Une description en langue anglaise se terminant par les revendications précises de l'inventeur;

4° Un exemplaire des dessins sur bristol, mesurant 253 millimètres sur 382, avec marges de 25 millimètres ;

5° Un modèle de l'appareil mesurant un pied cube anglais (la production de ce modèle n'est presque jamais exigée), ou un échantillon du produit obtenu.

Prix.

Le prix d'une patente, tous frais et taxes payés pour toute la durée, est de 700 à 1,000 francs.

Ce prix comprend la traduction d'une description de 1,000 mots Chaque 100 mots en plus est taxé 3 francs.

ILES BERMUDES

Durée.

Elle est fixée par le gouvernement, sans pouvoir toutefois excéder quinze ans.

Pièces à fournir.

1° La description en double expédition ;
2° Les dessins en double exemplaire ;
3° Un pouvoir désignant le mandataire.

Prix.

Le coût d'un brevet, tous frais et taxes payés pour la durée totale, est de 2,400 francs.

Ce prix comprend la traduction d'une description de 1,000 mots. Chaque 100 mots en plus est taxé 3 francs.

MEXIQUE

Durée.

La durée maxima du privilège est de vingt ans, sans pouvoir toutefois excéder celle du brevet étranger originel.

Pièces à fournir.

1° La description en langue espagnole, en double expédition ;
2° Les dessins en double exemplaire ;
3° La copie certifiée et légalisée du brevet étranger originel ;
4° Un pouvoir désignant le mandataire et légalisé par un consul mexicain.

Prix.

C'est le gouvernement qui fixe l'importance des taxes, d'après la valeur attribuée à l'invention. Dans la pratique, le coût du brevet peut être évalué à 1,800 ou 2,000 francs, tous les frais payés pour la durée totale. Ces prix comprennent la traduction d'une description de 1,000 mots. Chaque 100 mots en plus est taxé 4 francs.

HONDURAS BRITANNIQUE

Durée.

La durée du privilège est de quatorze ans au maximum.

Pièces à fournir.

1° Une pétition signée par le demandeur;
2° Une déclaration signée devant un consul anglais;
3° La description en double expédition;
4° Les dessins en double exemplaire;
5° Un pouvoir désignant le mandataire.

Prix.

Les dépenses afférentes à la demande et au maintien du privilège sont divisées en trois périodes:
1° Première période de trois ans, taxes et tous frais payés, 1,500 francs.
2° Deuxième période de trois ans, taxes et tous frais payés, 500 francs.
3° Troisième période de sept ans, taxes et tous frais payés, 1,000 francs.
Ces prix comprennent la traduction d'une description de 1,000 mots. Chaque 100 mots en plus est taxé 3 francs.

GUATEMALA

Durée.

La durée du privilège est de cinq, dix ou quinze ans.

Pièces à fournir.

1° Une description en langue espagnole;

2º Des dessins en double expédition;
3º Un pouvoir désignant le mandataire et légalisé par un consul.

Prix.

Le coût d'un brevet, taxes et tous frais payés pour cinq ans, est de 2,000 francs.

Le même pour dix ans, taxes et tous frais payés, 2,500 francs.

Le même pour quinze ans, taxes et tous frais payés, 3.000 francs.

Ces prix comprennent la traduction d'une description de 1,000 mots. Chaque 100 mots en plus est taxé 4 francs.

RÉPUBLIQUE DE HONDURAS

Durée.

La durée maxima du privilège est de quatorze ans.

Pièces à fournir.

1 La description en double expédition;
2º Les dessins en double exemplaire;
3º Un pouvoir désignant le mandataire et signé du demandeur.

Prix.

Le coût du brevet, taxes et tous frais payés pour la durée totale, est de 3,200 francs.

Ce prix comprend la traduction d'une description de 1,000 mots. Chaque 100 mots en plus est taxé 4 francs.

NICARAGUA

Durée.

La durée maxima est de quatorze ans.

Pièces à fournir.

1º La description en double expédition;
2º Les dessins en double exemplaire;
3º Un pouvoir désignant le mandataire et légalisé par un consul.

Prix.

Le coût du brevet, taxes et tous frais payés pour la durée totale, est de 3,500 francs.

Ce prix comprend la traduction d'une description de 1,000 mots. Chaque 100 mots en plus est taxé 4 francs.

SALVADOR

Durée.

La durée du privilège est de quatorze ans.
Les dispositions sont les mêmes que pour le Nicaragua.

COSTA-RICA

Durée.

La durée du privilège est de quatorze ans.

Pièces à fournir.

1° La description en double expédition ;
2° Les dessins en double exemplaire ;
3° Un pouvoir signé par le demandeur et désignant le mandataire.

Prix.

Le coût du brevet, taxes et tous frais payés pour la durée totale, est de 3,500 francs.

Ce prix comprend la traduction d'une description de 1,000 mots. Chaque 100 mots en plus est taxé 4 francs.

RÉPUBLIQUE D'HAITI

Durée.

La durée, qui est fixée par l'administration, est de quatorze ans au maximum.

Pièces à fournir.

1° La description en double expédition ;
2° Les dessins en double exemplaire ;
3° Un pouvoir signé par le demandeur et désignant le mandataire.

Prix.

Le coût du brevet, taxes et tous frais payés pour la durée totale, est de 3,500 francs.

Ce prix comprend la traduction d'une description de 1,000 mots. Chaque 100 mots en plus est taxé 3 francs.

RÉPUBLIQUE DOMINICAINE

Les dispositions sont les mêmes que pour Haïti.

LA JAMAIQUE

Durée.

La durée maxima du privilège est de quatorze ans. Elle ne saurait toutefois excéder celle du brevet étranger antérieur qui expire le premier.

Pièces à fournir.

1º Une pétition signée par le demandeur ;
2º Une déclaration devant l'autorité compétente ;
3º Une description signée par le demandeur et par deux témoins ;
4º Les dessins en double exemplaire ;
5º Un pouvoir désignant le mandataire.

Prix.

Le coût du brevet, taxes et tous frais payés pour la durée totale, est de 2,500 francs.

Ce prix comprend la traduction d'une description de 1,000 mots. Chaque 100 mots en plus est taxé 3 francs.

LA BARBADE

Durée.

La durée du privilège est de sept ans, mais elle peut être portée à une seconde, puis à une troisième période de même étendue.

Pièces à fournir.

1º La description en double expédition, dans la même forme que pour les Indes anglaises;
2º Les dessins en double exemplaire;
3º Une déclaration signée par le demandeur;
4º Un pouvoir désignant le mandataire et légalisé par un consul anglais.

Prix.

Le prix, pour chaque période de sept années, y compris les taxes et tous les frais, est de 1,500 francs.

Ce prix comprend la traduction d'une description de 1,000 mots. Chaque 100 mots en plus est taxé 3 francs.

LA TRINITÉ

Durée.

La durée du privilège est de quatorze ans.

Pièces à fournir.

1º Une pièce signée du demandeur;
2º Une déclaration également signée par lui;
3º La description en double expédition ;
4º Les dessins en double exemplaire ;
5º Un pouvoir désignant le mandataire.

Prix.

Le coût du brevet, tous frais et taxes payés pour la durée totale, est de 1,500 francs.

Ce prix comprend la traduction d'une description de 1,000 mots. Chaque 100 mots en plus est taxé 3 francs.

ILES-SOUS-LE-VENT

(Leward-Islands).

Durée.

La durée maxima du privilège est de quatorze ans; dans le cas où il existe des brevets étrangers antérieurs, elle est limitée à la durée la plus courte de ces brevets.

Pièces à fournir.

1° Une pétition signée par le demandeur;
2° Une déclaration signée devant un consul anglais;
3° La description en double expédition, sur papier *pro-patria*, et écrite d'un côté seulement;
4° Les dessins en double exemplaire;
5° Un pouvoir désignant le mandataire.

Prix.

Le coût du brevet, taxes et tous frais payés pour 3 ans, est de 3,000 francs.

Ce prix comprend la traduction d'une description de 1,000 mots. Chaque 100 mots en plus est taxé 3 francs.

BRÉSIL

Durée.

La durée du privilège est de vingt ans. Toutefois elle est limitée à celle du brevet étranger antérieur qui expire le premier.

Pièces à fournir.

1° Un mémoire descriptif, en langue portugaise, indiquant nettement l'objet de l'invention;
2° Les dessins en trois exemplaires, mesurant 33 centimètres de hauteur sur 21, ou 42 ou 63 centimètres de largeur, avec marges de 2 centimètres. Ils doivent être tracés d'après une échelle métrique;
3° Un pouvoir notarié, en langue portugaise, désignant le fondé de pouvoir et légalisé par un consul brésilien;
4° La copie certifiée et légalisée du brevet étranger originel.

Prix.

Le prix du brevet, y compris les taxes, les frais de notaire, les légalisations, etc., pour la première année, est de 1,200 fr.

Ce prix comprend la traduction d'une description de 1,000 mots. Chaque 100 mots en plus est taxé 6 francs.

Les taxes sont annuelles et progressives.

RÉPUBLIQUE ARGENTINE

Durée.

La durée des brevets provisoires est d'une année. Celle des brevets définitifs est de cinq, dix ou quinze ans, à la volonté du demandeur, mais sans extension possible au delà du terme primitivement choisi par lui.

S'il existe un brevet étranger antérieur, le privilège argentin prend fin avec lui s'il a moins de dix ans, et expire à la fin de la dizième année, s'il lui reste un plus long laps de temps à courir.

Il est accordé des certificats d'addition qui expirent avec le brevet principal, sans toutefois pouvoir dépasser dix ans.

Pièces à fournir.

Elles sont les mêmes pour un brevet provisoire, un brevet définitif ou un certificat d'addition.

1° Une description en double expédition, sur papier timbré ;

2° Les dessins, en double exemplaire, tracés d'après une échelle métrique ;

3° Un pouvoir sur papier timbré désignant le mandataire, et légalisé par un consul ;

4° La copie certifiée et légalisée du brevet étranger originel.

Prix.

Brevet provisoire, taxes et tous frais payés pour un an, 900 fr.

Brevet de cinq ans, taxes et tous frais payés pour la durée totale, 1,700 francs.

Brevet de dix ans, taxes et tous frais payés pour la durée totale, 2,300 francs.

Brevet de quinze ans, taxes et tous frais payés pour la durée totale, 3,000 francs.

Certificat d'addition, taxes et tous frais payés pour la durée totale, 1,500 francs.

Ces prix comprennent la traduction d'une description de 1,000 mots. Chaque 100 mots en plus est taxé 4 francs.

CHILI

Durée.

La durée du privilège est de dix ans avec prolongation possible pour une seconde période de même durée.

Pièces à fournir.

1° Une description en double expédition ;
2° Les dessins en double exemplaire ;
3° Un pouvoir désignant le mandataire, légalisé par un consul ;
4° La copie certifiée et légalisée du brevet étranger originel.

·Prix.

Le coût du brevet, taxes et tous frais payés, pour dix ans, est de 2 400 francs.

Ce prix comprend la traduction d'une description de 1,000 mots. Chaque 100 mots en plus est taxé 4 francs.

BOLIVIE

Durée.

La durée, qui est fixée par le gouvernement, ne dépasse jamais quinze ans.

Pièces à fournir.

1° La description en langue espagnole, en double expédition ;
2° Les dessins en double exemplaire ;
3° Un pouvoir désignant le mandataire, légalisé par un consul.

Prix.

Le coût du brevet, taxes et tous frais payés, pour la durée totale, est de 3,300 francs.

Ce prix comprend la traduction d'une description de 1,000 mots. Chaque 100 mots en plus est taxé 4 francs.

PÉROU

Durée.

La durée du privilège est de dix années.

Pièces à fournir.

1° La description en langue espagnole, en double expédition ;

2° Les dessins en double exmplaire ;

3° Le pouvoir désignant le mandataire, légalisé par un consul.

Prix.

Le coût du brevet, taxes et tous frais payés pour un an, est de 2,800 francs.

Les autres années, la taxe est de 600 francs.

Ces prix comprennent la traduction d'une description de 1,000 mots. Chaque 100 mots en plus est taxé 4 francs.

RÉPUBLIQUE DE L'ÉQUATEUR

Durée.

La durée du brevet demandé par l'inventeur lui-même est de dix à quinze ans. La durée d'un brevet d'importation demandé par un tiers est de trois, six ou dix ans, suivant l'importance de l'invention.

Pièces à fournir.

Elles sont les mêmes que pour le Pérou.

Prix.

Le coût du brevet, taxes et tous frais payés pour toute la durée accordée, est de 2.500 francs.

Ce prix comprend la traduction d'une description de 1,000 mots. Chaque 100 mots en plus est taxé 4 francs.

ÉTATS-UNIS DE COLOMBIE

Durée.

La durée du privilège est de cinq, dix, quinze ou vingt ans, au choix du demandeur. Toutefois, elle est limitée à celle du brevet étranger originel.

Pièces à fournir.

1° La description en double expédition ;

2° Les dessins en double exemplaire ;

3° Le pouvoir désignant le mandataire, légalisé par un consul.

4° La copie certifiée et légalisée du brevet étranger originel.

Prix.

Le coût d'un brevet de cinq ans, taxes et tous frais payés, est de 1,800 francs.

Le coût d'un brevet de dix ans, taxes et tous frais payés, est de 2,400 francs.

Le coût d'un brevet de quinze ans, taxes et tous frais payés, est de 3,000 francs.

Le coût d'un brevet de vingt ans, taxes et tous frais payés, est de 3,400 francs.

Ces prix comprennent la traduction d'une description de 1,000 mots. Chaque 100 mots en plus est taxé 4 francs.

VENEZUELA

Durée.

La durée du privilège est de cinq, dix ou quinze ans au choix du demandeur, mais sans pouvoir cependant excéder celle des brevets étrangers antérieurs.

Pièces à fournir.

1° La description en double expédition;
2° Les dessins en double exemplaire;
3° Un pouvoir désignant le mandataire et légalisé par un consul.

Prix.

Le coût d'un brevet de cinq ans, taxes et tous frais payés, est de 2,000 francs.

Le coût d'un brevet de dix ans, taxes et tous frais payés, est de 2,700 francs.

Le coût d'un brevet de quinze ans, taxes et tous frais payés, est de 3,200 francs.

Ces prix comprennent la traduction d'une description de 1,000 mots. Chaque 100 mots en plus est taxé 4 francs.

GUYANE ANGLAISE

Durée.

La durée du privilège est de quatorze ans, avec prolongation possible pour une autre période de sept années. Toutefois, le brevet prend fin avec celui des brevets étrangers antérieurs qui expire le premier.

Pièces à fournir.

1° Une pétition signée par le demandeur ;
2° Une attestation par devant un notaire ou un consul anglais ;
3° La description en langue anglaise, en double expédition ;
4° Les dessins en double exemplaire ;
5° Un pouvoir désignant le mandataire.

Prix.

Le coût du brevet, taxes et tous frais payés pour un an, est de 1,200 francs.

Le coût du brevet, taxes et tous frais payés pour sept ans, est de 2,000 francs.

Le coût du brevet, taxes et tous frais payés pour la seconde période de sept ans, est de 1,200 francs.

Ces prix comprennent la traduction d'une description de 1,000 mots. Chaque 100 mots en plus est taxé 3 francs.

URUGUAY

Durée.

La durée du privilège est de trois, six ou neuf années, au choix du demandeur.

Il est accordé des certificats d'addition qui expirent avec le brevet principal.

Pièces à fournir.

1° Une requête en langue espagnole, sur papier timbré ;
2° Une déclaration sous serment affirmant que le pétitionnaire est le véritable inventeur ;
3° La description en langue espagnole, en double expédition ;
4° Les dessins en double exemplaire, tracés d'après une échelle métrique ;
5° Le pouvoir désignant le mandataire.

Prix.

Le coût du brevet, taxes et tous frais payés pour un an, est de 3,000 francs.

Ce prix comprend la traduction d'une description de 1,000 mots. Chaque 100 mots en plus est taxé 4 francs.

TABLE

DES NOMS DES PAYS QUI DÉLIVRENT DES BREVETS

Tours, imprimerie PAUL BOUSREZ.